Richard Wagner

Der fliegende Holländer

Romantische Oper in drei Aufzügen

Richard Wagner: Der fliegende Holländer. Romantische Oper in drei Aufzügen

Komponiert von Richard Wagner. Uraufführung am 02.01.1843, Königlich-Sächsisches Opernhaus (Semperoper), Dresden.

Neuausgabe mit einer Biographie des Autors
Herausgegeben von Karl-Maria Guth
Berlin 2017

Der Text dieser Ausgabe folgt:
Richard Wagner: Die Musikdramen. Mit einem Vorwort von Joachim Kaiser, Hamburg: Hoffmann und Campe, 1971.

Die Paginierung obiger Ausgabe wird hier als Marginalie zeilengenau mitgeführt.

Umschlaggestaltung von Thomas Schultz-Overhage unter Verwendung des Bildes: Albert Pinkham Ryder, Der fliegende Holländer, 1888

Gesetzt aus der Minion Pro, 11 pt

Verlag: Henricus - Edition Deutsche Klassik GmbH
Mörchinger Str. 33, 14169 Berlin, info@henricus-verlag.de
Druck: Libri Plureos GmbH, Friedensallee 273, 22763 Hamburg

Die Ausgaben der Sammlung Hofenberg basieren auf zuverlässigen Textgrundlagen. Die Seitenkonkordanz zu anerkannten Studienausgaben machen Hofenbergtexte auch in wissenschaftlichem Zusammenhang zitierfähig.

ISBN 978-3-7437-0787-0

Bibliografische Information der Deutschen Nationalbibliothek

Die Deutsche Nationalbibliothek verzeichnet diese Publikation in der Deutschen Nationalbibliografie; detaillierte bibliografische Daten sind im Internet über www.dnb.de abrufbar.

Personen

Daland, ein norwegischer Seefahrer

Senta, seine Tochter

Erik, ein Jäger

Mary, Sentas Amme

Der Steuermann Dalands

Der Holländer

Matrosen des Norwegers

Die Mannschaft des Fliegenden Holländers

Mädchen

Schauplatz: Die norwegische Küste

Erster Aufzug

*Steiles Felsenufer. Das Meer nimmt den größten Teil der Bühne
ein; weite Aussicht auf dasselbe. Die Felsen im Vordergrund bilden
auf beiden Seiten Schluchten, aus denen die Echos antworten. –
Finsteres Wetter; heftiger Sturm; zwischen den Felsen selbst verliert
der Wind, den man in offener See die Wogen peitschen sieht, seine
Macht; nur von Zeit zu Zeit scheint das Heulen des Sturms
hereinzudringen. – Das Schiff Dalands hat soeben dicht am Ufer
Anker geworfen; die Mannschaft ist in geräuschvoller Arbeit
beschäftigt, die Segel aufzustreichen, Taue auszuwerfen u.s.w.
Daland ist ans Land gegangen; er steigt auf einen Felsen und sucht
landeinwärts die Gegend zu erkennen.*

MATROSEN *während der Arbeit.*
  Johohe! Hallajo! Hohoha! Hallojo!
  Ho! Ha! Ha! Ja! Hallajo! Hallaha! Hallahoja!
DALAND *kommt vom Felsen herab.*
  Kein Zweifel! Sieben Meilen fort
  trieb uns der Sturm vom sichren Port.
  So nah dem Ziel nach langer Fahrt,
  war mir der Streich noch aufgespart!

  Der Steuermann ruft vom Schiffe her

STEUERMANN *durch die hohlen Hände.*
  Ho! Kapitän!
DALAND.
  Am Bord bei euch – wie steht's?
STEUERMANN.
  Gut, Kapitän! Wir haben sich'ren Grund.
DALAND.
  Sandwike ist's, genau kenn ich die Bucht.
  Verwünscht! Schon sah am Ufer ich mein Haus,
  Senta, mein Kind, glaubt ich schon zu umarmen: –
  da bläst es aus dem Teufelsloch heraus …
  Wer baut auf Wind, baut auf Satans Erbarmen!

Was hilft's? Geduld! Der Sturm läßt nach;
wenn so er tobte, währt's nicht lang.

Er geht am Bord des Schiffes

He, Bursche! Lange wart ihr wach, –
zur Ruhe denn! Mir ist nicht bang.

Die Matrosen steigen in den Schiffsraum hinab

Nun, Steuermann, die Wache nimmst du wohl für mich?
Gefahr ist nicht, doch gut ist's, wenn du wachst.
STEUERMANN.
Seid außer Sorg! Schlaft ruhig, Kapitän!

Daland geht in die Kajüte.

*Der Sturm hat sich gelegt; nur in abgesetzten Pausen dringen
gemilderte Windstöße in die Schlucht. Auf offener See türmen sich
die Wogen. Der Steuermann macht die Schiffsrunde; von Müdigkeit
überfallen setzt er sich dann am Steuerruder nieder. Er gähnt. –
Er schüttelt sich auf, als ihm der Schlaf kommt*

STEUERMANN.
Mit Gewitter und Sturm aus fernem Meer –
mein Mädel, bin dir nah!
Über turmhohe Flut vom Süden her –
mein Mädel, ich bin da!
Mein Mädel, wenn nicht Südwind wär,
ich nimmer wohl käm zu dir;
ach, lieber Südwind, blas noch mehr!
Mein Mädel verlangt nach mir.
Hohoja! Hallohoho! Jollohohoho! Heho!

*Eine große Woge naht dem Schiffe und rüttelt es heftig. – Der
Steuermann fährt auf; er sieht nach, ob das Schiff Schaden
genommen habe. Beruhigt setzt er sich wieder am Steuer nieder.
Der Schlaf kommt ihn immer mehr an. – Er gähnt.*

Von den Südens Gestad, aus weitem Land –
ich hab an dich gedacht!
Durch Gewitter und Meer vom Mohrenstrand –

hab dir was mitgebracht.
Mein Mädel, preis den Südwind hoch,
ich bring dir ein gülden Band!
Ach, lieber Südwind, blase doch!
Mein Mädel hätt gern den Tand.
Hoho! Ja! Hollaho!

Er schläft völlig ein; das Meer wird von neuem unruhiger. – Das
Schiff des Fliegenden Holländers, mit schwarzen Masten und
blutroten Segeln, zeigt sich in der Ferne, und naht sich mit großer
Schnelle der Küste. Es legt auf der dem norwegischen Schiffe
entgegengesetzten Seite an. Mit einem furchtbaren Krach sinkt der
Anker an der Kette in den Grund. – Der Steuermann fährt auf
und sieht nach dem Steuer; überzeugt, daß nichts geschehen, setzt
er sich wieder.

Mein Mädel, wenn nicht Südwind wär …

Er schläft von neuem ein Stumm und ohne ferneres Geräusch zieht
die gespenstische Mannschaft des Holländers die Segel auf u.s.w.
Der Holländer geht ans Land, er trägt schwarze spanische Tracht.

HOLLÄNDER.
Die Frist ist um, … und abermals verstrichen
sind sieben Jahr … voll Überdruß wirft mich
das Meer ans Land … Ha! Stolzer Ozean!
In kurzer Frist sollst du mich wieder tragen!
Dein Trotz ist beugsam, doch ewig meine Qual.
Das Heil, das auf dem Land ich suche, nie
werd ich es finden! Euch, des Weltmeers Fluten
bleib ich – bis eure letzte Welle
sich bricht – und euer letztes Naß versiegt!
Wie oft in Meeres tiefsten Schlund
stürzt ich voll Sehnsucht mich hinab:
doch ach! Den Tod, ich fand ihn nicht!
Da, wo der Schiffe furchtbar Grab,
trieb *mein* Schiff ich zum Klippengrund:
doch ach! mein Grab, es schloß sich nicht!
Verhöhnend droht ich dem Piraten,
im wilden Kampfe hofft ich Tod:

»Hier« – rief ich – »zeige deine Taten!
Von Schätzen voll ist Schiff und Boot!« –
Doch ach! Des Meers barbar'scher Sohn
schlägt bang das Kreuz und flieht davon …
Wie oft in Meeres tiefsten Grund
stürzt ich voll Sehnsucht mich hinab!
Da, wo der Schiffe furchtbar Grab,
trieb *mein* Schiff ich zum Klippengrund:
Nirgends ein Grab! Niemals der Tod!
Dies der Verdammnis Schreckgebot.
Dich frage ich, gepries'ner Engel Gottes,
der meines Heils Bedingung mir gewann!
War ich Unsel'ger Spielwerk deines Spottes,
als die Erlösung du mir zeigtest an?
Vergebne Hoffnung! Furchtbar eitler Wahn!
Um ew'ge Treu auf Erden – ist's getan!
Nur *eine* Hoffnung soll mir bleiben,
nur *eine* unerschüttert stehn: –
so lang der Erde Keim auch treiben,
so muß sie doch zugrunde gehn.
Tag des Gerichtes! Jüngster Tag!
Wann brichst du an in meine Nacht?
Wann dröhnt er, der Vernichtungs-Schlag,
mit dem die Welt zusammenkracht?
Wann alle Toten auferstehn,
dann werde ich in Nichts vergehn!
Ihr Welten, endet euren Lauf!
Ew'ge Vernichtung, nimm mich auf!

185   *Der Holländer lehnt sich mit verschränkten Armen, dumpf in sich*
gekehrt, an einer Felsenwand.

CHOR *der Mannschaft des Holländers – im Schiffsraum – unsichtbar.*
Ew'ge Vernichtung, nimm uns auf!

Daland kommt aus der Kajüte; er sieht sich nach dem Wind um
und erblickt das fremde Schiff.

DALAND *sich nach dem Steuermann umsehend.*
He! Holla! Steuermann!

STEUERMANN *sich schlaftrunken halb aufrichtend.*

's ist nichts; 's ist nichts!

– Ach, lieber Südwind, blas noch mehr!

– mein Mädel …

DALAND *den Steuermann aufrüttelnd.*

Du siehst nichts? Gelt, du wachtest brav, mein Bursch!

Dort liegt ein Schiff … wie lange schliefst du schon?

STEUERMANN *rasch auffahrend.*

Zum Teufel auch! Verzeiht mir, Kapitän!

Er setzt schnell das Sprachrohr an und ruft über Bord.

Wer da?

Lange Pause.

Wer da?

Lange Pause.

DALAND.

Es scheint, sie sind gerad
so faul als wir.

STEUERMANN *wie vorher.*

Gebt Antwort! Schiff und Flagge?

DALAND *erblickt den Holländer am Lande.*

Laß ab! Mich dünkt, ich seh den Kapitän!

Den Holländer anrufend:

He! Holla! Seemann! Nenne dich! Wes Landes?

Langes Stillschweigen.

HOLLÄNDER *ohne seine Stellung zu verlassen.*

Weit komm ich her … Verwehrt bei Sturm und Wetter ihr mir
den Ankerplatz?

DALAND.

Behüt es Gott!

Gastfreundschaft kennt der Seemann!

An das Land gehend.

8

Wer bist du?
HOLLÄNDER.
Holländer.
DALAND.

Gott zum Gruß! So trieb auch dich
der Sturm an diesen nackten Felsenstrand?
Mir ging's nicht besser ... wenig Meilen nur
von hier ist meine Heimat, fast erreicht
mußt ich aufs neu mich von ihr wenden. Sag,
woher kommst du? Hast Schaden du genommen?
HOLLÄNDER.
Mein Schiff ist fest ... es leidet keinen Schaden.

Mit Ausdruck aber ohne Leidenschaft.

Durch Sturm und bösen Wind verschlagen,
irr auf den Wassern ich umher;
wie lange? weiß ich kaum zu sagen,
schon zähl ich nicht die Jahre mehr.
Unmöglich dünkt mich's, daß ich nenne
die Länder alle, die ich fand: –
das Eine nur, nach dem ich brenne,
ich find es nicht – mein Heimatland!
Vergönne mir auf kurze Frist dein Haus,
und deine Freundschaft soll dich nicht gereun!
Mit Schätzen aller Gegenden und Zonen
ist reich mein Schiff beladen; willst du handeln,
so sollst du sicher deines Vorteils sein!
DALAND.
Wie wunderbar! Soll deinem Wort ich glauben?
Ein Unstern, scheint's, hat dich bis jetzt verfolgt: –
um dir zu frommen biet ich, was ich kann ...
Doch darf ich fragen ... was dein Schiff enthält?

Der Holländer gibt der Wache seines Schiffes ein Zeichen, auf welches man von demselben eine Kiste an das Land bringt.

HOLLÄNDER.
Die seltensten der Schätze sollst du sehn;
kostbare Perlen, edelstes Gestein.

Blick hin, und überzeuge dich vom Werte
des Preises, den ich für ein gastlich Dach
dir biete!

DALAND *voll Erstaunen den Inhalt der Kiste übersehend.*

Wie! Ist's möglich! Diese Schätze!

Wer ist so reich, den Preis dafür zu bieten!

HOLLÄNDER.

Den Preis? Soeben hab ich ihn genannt:
dies für das Obdach einer einz'gen Nacht!

Doch, was du siehst, ist nur der kleinste Teil
von dem, was meines Schiffes Raum verschließt …

Was frommt der Schatz? Ich habe weder Weib noch Kind –
und meine Heimat find ich nie!

All meinen Reichtum biet ich dir, wenn bei
den Deinen du mir neue Heimat gibst!

DALAND.

Was muß ich hören!

HOLLÄNDER.

Hast du eine Tochter?

DALAND.

Fürwahr, ein treues Kind!

HOLLÄNDER.

Sie sei mein Weib! –

DALAND *freudig betroffen.*

Wie? Hört ich recht? Meine Tochter sein Weib!

Er selbst spricht aus den Gedanken!

Fast fürcht ich, wenn unentschlossen ich bleib,
er müßt im Vorsatze wanken.

Wüßt ich, ob ich wach oder träume!

Kann ein Eidam willkommener sein?

Ein Thor! – wenn das Glück ich versäume!

Voll Entzücken schlage ich ein.

DALAND.

Wohl, Fremdling! hab ich eine schöne Tochter,
mit treuer Kinderlieb ergeben mir;

sie ist mein Stolz, das Höchste meiner Güter, –
mein Trost im Unglück, meine Freud im Glück!

HOLLÄNDER.

Dem Vater stets bewahr sie ihre Liebe!

Ihm treu – wird sie auch treu dem Gatten sein.

DALAND.

Du gibst Juwelen, unschätzbare Perlen: –

das höchste Kleinod doch, – ein treues Weib …

HOLLÄNDER.

Du gibst es mir?

DALAND.

Ich gebe dir mein Wort!

Mich rührt dein Los; – freigiebig, wie du bist,

zeigst Edelmut und hohen Sinn du mir …

den Eidam wünscht ich so, – und wär dein Gut

auch nicht so reich, wählt ich doch keinen Andren!

HOLLÄNDER.

Hab Dank! Werd ich die Tochter heut noch sehn?

DALAND.

Der nächste günst'ge Wind bringt uns nach Haus;

du sollst sie sehn – und wenn sie dir gefällt …

HOLLÄNDER.

So ist sie mein … Wird sie mein Engel sein?

Wenn aus der Qualen Schreckgewalten

die Sehnsucht nach dem Heil mich treibt,

ist mir's erlaubt, mich festzuhalten

an einer Hoffnung, die mir bleibt?

Darf ich in jenem Wahn noch schmachten,

daß sich ein Engel mir erweicht?

Der Qualen, die mein Haupt umnachten,

ersehntes Ziel hätt ich erreicht?

Ach! ohne Hoffnung, wie ich bin,

gab ich mich doch der Hoffnung hin!

DALAND.

Gepriesen seid, des Sturms Gewalten,

die ihr an diesen Strand mich triebt!

Fürwahr, bloß brauch ich festzuhalten,

was sich so schön von selbst mir gibt.

188   Die ihn an diese Küste brachten,

ihr Winde, sollt gesegnet sein!

Ha, wonach alle Väter trachten,
ein reicher Eidam, er ist mein!
Ja! dem Mann mit Gut und hohem Sinn
gab froh ich Haus und Tochter hin.

Das Wetter hat sich völlig aufgeklärt, – der Wind ist umgeschlagen.

STEUERMANN *am Bord.*
  Südwind! Südwind!
  Ach! lieber Südwind, blas noch mehr!
MATROSEN *die Mütze schwenkend.*
  Halloho! Hohoho! Halloho! Halloho!
  Halloho! Ho! Ho! Ho!
DALAND.
  Du siehst, das Glück ist günstig dir,
  der Wind ist gut, die See in Ruh.
  Sogleich die Anker lichten wir,
  und segeln froh der Heimat zu.
HOLLÄNDER.
  Darf ich dich bitten, so segelst du voran; –
  der Wind ist frisch, doch meine Mannschaft müd;
  ich gönn ihr kurze Ruh – und folge dann.
DALAND.
  Doch – unser Wind?
HOLLÄNDER.
  Er bläst noch lang aus Süd.
  Mein Schiff ist schnell, es holt dich sicher ein.
DALAND.
  Du glaubst? – Wohlan! Es möge denn so sein.
  Leb wohl! Mögst heute du mein Kind noch sehn!
HOLLÄNDER.
  Gewiß!
DALAND *an Bord seines Schiffes gehend.*
  Hei! Wie die Segel schon sich blähn!
  Hallo! Hallo!

Er gibt ein Signal auf der Schiffspfeife.

Frisch! Jungen, greifet an!

Das Schiff wird losgemacht.

MATROSEN *im Absegeln.*
Mit Gewitter und Sturm aus fernem Meer –
Mein Mädel, bin dir nah! Hurrah!
Über sturmhohe Flut vom Süden her –
mein Mädel, bin ich da! Hurrah!
Mein Mädel, wenn nicht Südwind wär,
ich nimmer wohl käm zu dir!
Ach! lieber Südwind blas noch mehr!
Mein Mädel verlangt nach mir!
Ho! Ho! Ho! joloho! Hohohohoho!

Der Holländer ist an Bord seines Schiffes gegangen, der Vorhang
fällt.

Zweiter Aufzug

Ein geräumiges Zimmer im Hause Dalands; an den Seitenwänden
Abbildungen von Seegegenständen, Karten usw. An der Wand im
Hintergrunde das Bild eines Mannes mit dunklem Barte und in
schwarzer Kleidung. – Mary und die Mädchen sitzen um den
Kamin herum und spinnen; – Senta, in einem Großvaterstuhle
zurückgelehnt und mit untergeschlagenen Armen, ist im
träumerischen Anschauen des Bildes im Hintergrunde versunken.

MÄDCHEN.
Summ und brumm, du gutes Rädchen,
munter, munter dreh dich um!
Spinne, spinne tausend Fädchen,
gutes Rädchen, summ und brumm!
Mein Schatz ist auf dem Meere draus,
er denkt nach Haus
ans fromme Kind; –
mein gutes Rädchen, braus und saus!
Ach! gäbst du Wind,
er käm geschwind
Spinnt! Spinnt!
Fleißig, Mädchen!
summ! brumm!
Gutes Rädchen!
MARY.
Ei, fleißig! Fleißig, wie sie spinnen!
Will Jede sich den Schatz gewinnen.
MÄDCHEN.
Frau Mary, still! Denn wohl ihr wißt,
das Lied noch nicht zu Ende ist.
MARY.
So singt! Dem Rädchen läßt's nicht Ruh.

Zu Senta.

Du aber, Senta, schweigst dazu?

MÄDCHEN.

Summ und brumm, du gutes Rädchen!
Munter, munter dreh dich um!
Spinne, spinne tausend Fädchen,
gutes Rädchen, summ und brumm!
Mein Schatz da draußen auf dem Meer,
im Süden er
viel Gold gewinnt: –
ach! gutes Rädchen, saus noch mehr! –
er gibt's dem Kind,
wenn's fleißig spinnt!
Spinnt! Spinnt!
Fleißig, Mädchen!
Brumm! Summ!
Gutes Rädchen!

MARY *zu Senta.*

Du böses Kind! Wenn du nicht spinnst,
vom Schatz du kein Geschenk gewinnst!

MÄDCHEN.

Sie hat's nicht not, daß sie sich eilt;
ihr Schatz nicht auf dem Meere weilt: –
bringt er nicht Gold, bringt er doch Wild, –
man weiß ja, was ein Jäger gilt!

Sie lachen.

*Senta ohne ihre Stellung zu verlassen, singt leise einen Vers aus
der folgenden Ballade vor sich hin.*

MARY.

Da seht ihrs! Immer vor dem Bild!
Willst du dein ganzes junges Leben
verträumen vor dem Konterfei?

SENTA *ohne ihre Stellung zu verlassen.*

Was hast du Kunde mir gegeben, –
was mir erzählet, wer er sei! –

Seufzend.

Der arme Mann!

MARY.

Gott sei mit dir!

MÄDCHEN.

Ei ei! Ei ei! Was hören wir!

Sie seufzet um den bleichen Mann!

MARY.

Den Kopf verliert sie noch darum!

MÄDCHEN.

Da sieht man, was ein Bild doch kann!

MARY.

Nichts hilft es, wenn ich täglich brumm!

Komm! Senta! Wend dich doch herum!

MÄDCHEN.

Sie hört euch nicht! Sie ist verliebt!

Ei, ei! Wenn's nur nicht Händel gibt!

Herr Erik hat gar heißes Blut, –

daß er nur keinen Schaden tut!

Sagt nichts! – Er schießt sonst wutentbrannt

den Nebenbuhler – von der Wand.

Sie lachen.

SENTA *heftig auffahrend.*

O schweigt! Mit eurem tollen Lachen

wollt ihr mich ernstlich böse machen?

MÄDCHEN *fallen mit komischem Eifer sehr stark ein, indem sie die Spinnräder heftig und mit großem Geräusche drehen, gleichsam um Senta nicht Zeit zum Schmälen zu lassen.*

Summ und brumm, du gutes Rädchen,

munter, munter dreh dich um!

191

Spinne, spinne tausend Fädchen!

Gutes Rädchen, summ und brumm!

SENTA *ärgerlich unterbrechend.*

Oh! Macht dem dummen Lied ein Ende!

Es brummt und summt nur vor dem Ohr.

Wollt ihr, daß ich mich zu euch wende,

so sucht was Besseres hervor!

MÄDCHEN.

Gut! Singe du!

SENTA.

Hört, was ich rate!

Frau Mary singt uns die Ballade.

MARY.

Bewahre Gott! Das fehlte mir!

Den fliegenden Holländer laßt in Ruh!

SENTA.

Wie oft doch hört ich sie von dir!

MARY.

Bewahre Gott! Das fehlte mir!

SENTA.

Ich sing sie selbst! Hört, Mädchen, zu!

Laßt mich's euch recht zu Herzen führen, –

des Ärmsten Los, es muß euch rühren!

MÄDCHEN.

Uns ist es recht!

SENTA.

Merkt auf die Wort!

MÄDCHEN.

Dem Spinnrad Ruh!

MARY *ärgerlich.*

Ich spinne fort!

*Die Mädchen rücken, nachdem sie ihre Spinnräder bei Seite gesetzt
haben, die Sitze dem Großvaterstuhle näher und gruppieren sich
um Senta. Die Amme bleibt am Kamin sitzen und spinnt fort.*

SENTA.

Johohoe! Johohoe! Hojohe!

Traft ihr das Schiff im Meere an,

blutrot die Segel, schwarz der Mast?

Auf hohem Bord der bleiche Mann,

des Schiffes Herr wacht ohne Rast.

Hui! – Wie saust der Wind! – Johohe! Hojohe!

Hui! – Wie pfeift's im Tau! – Johohe! Hojohe!

Hui! – Wie ein Pfeil fliegt er hin,

ohne Ziel, ohne Rast, ohne Ruh!

Doch kann dem bleichen Manne Erlösung einstens noch werden,
fänd er ein Weib, das bis in den Tod getreu ihm auf Erden! –
Ach! wann wirst du, bleicher Seemann, sie finden?
Betet zum Himmel, daß bald
ein Weib Treue ihm halt!

Gegen das Ende der Strophe kehrt Senta sich gegen das Bild. Die
Mädchen hören teilnahmvoll zu; die Amme hat aufgehört zu
spinnen.

Bei bösem Wind und Sturmes Wut
umsegeln wollt er einst ein Kap;
er flucht' und schwur mit tollem Mut:
»In Ewigkeit laß ich nicht ab!« –
Hui! – Und Satan hört's! Johohe! – Hojohe!
Hui! – Und Satan hört's! – Johohe! Hojohe!
Hui! – Und verdammt zieht er nun
durch das Meer ohne Rast, ohne Ruh!
Doch, daß der arme Mann noch Erlösung fände auf Erden,
zeigt Gottes Engel an, wie sein Heil ihm einst könne werden!
Ach möchtest du, bleicher Seemann, sie finden!
Betet zum Himmel, daß bald
ein Weib Treue ihm halt!

Die Mädchen sind ergriffen und singen den Schlußreim leise mit.
Senta fährt mit immer zunehmender Aufregung fort.

Vor Anker alle sieben Jahr,
ein Weib zu frei'n, geht er ans Land: –
er freite alle sieben Jahr …
noch nie ein treues Weib er fand!
Hui! – »Den Anker los!« Johohe! Hojohe!
Hui! – »Die Segel auf!« – Johohe! Hojohe!
Hui! – »Falsche Lieb, falsche Treu!
Auf in See! Ohne Rast! Ohne Ruh!« – –

Senta, zu heftig angegriffen, sinkt in den Stuhl zurück; die Mädchen
singen nach einer Pause leise weiter.

MÄDCHEN.
Ach! wo weilt sie, die dir Gottes Engel einst könne zeigen?

Wo triffst du sie, die bis in den Tod dein bliebe treueigen?

SENTA *von plötzlicher Begeisterung hingerissen, springt vom Stuhle auf.*

Ich sei's, die dich durch ihre Treu erlöset!

Mög Gottes Engel mich dir zeigen!

Durch mich sollst du das Heil erreichen!

MARY UND MÄDCHEN *erschreckt aufspringend.*

Hilf, Himmel! Senta! Senta!

Erik ist zur Türe hereingetreten und hat Sentas Ausruf vernommen.

ERIK.

Senta! Senta! Willst du mich verderben?

MÄDCHEN.

Helft, Erik, uns! Sie ist von Sinnen!

MARY.

Ich fühle mir das Blut gerinnen!

Abscheulich Bild, du sollst hinaus!

Kommt nur der Vater erst nach Haus!

ERIK *düster.*

Der Vater kommt.

Senta die in ihrer letzten Stellung verblieben und von allem nichts vernommen hatte, wie erwachend und freudig auffahrend.

Der Vater kommt?

ERIK.

Vom Felsen sah sein Schiff ich nahn.

MARY *außer sich.*

Nun seht, zu was eu'r Treiben frommt!

Im Hause ist noch nichts getan!

MÄDCHEN *voll Freude.*

Sie sind daheim! – Auf, eilt hinaus!

MARY *die Mädchen zurückhaltend.*

Halt, halt! Ihr bleibet fein im Haus!

Das Schiffsvolk kommt mit leerem Magen;

in Küch und Keller, säumet nicht!

Laßt euch nur von der Neugier plagen!

Vor allem geht an eure Pflicht!

MÄDCHEN *für sich.*

Ach! Wie viel hab ich ihn zu fragen!
Ich halte mich vor Neugier nicht! –
Schon gut! Sobald nur aufgetragen,
hält hier uns länger keine Pflicht!

*Mary treibt die Mädchen hinaus und folgt ihnen Senta will
ebenfalls fort; Erik hält sie zurück.*

ERIK.

Bleib, Senta! Bleib nur einen Augenblick!
Aus meinen Qualen reiße mich! Doch willst du, –
ach, so verdirb mich ganz!

SENTA *zögernd.*

Was ist? Was soll?

ERIK.

O, Senta, sprich, was aus mir werden soll?
Dein Vater kommt ... eh wieder er verreist,
wird er vollbringen, was schon oft er wollte ...

SENTA.

Und was meinst du?

ERIK *mit Entschluß und Verzweiflung.*

Dir einen Gatten geben!
Mein Herz voll Treue bis zum Sterben,
mein dürftig Gut, mein Jägerglück: –
darf so um deine Hand ich werben?
Stößt mich dein Vater nicht zurück?
Wenn sich mein Herz im Jammer bricht, –
sag, Senta, wer dann für mich spricht?

SENTA.

O, schweige, Erik, jetzt! Laß mich hinaus,
den Vater zu begrüßen!
Wenn nicht wie sonst an Bord die Tochter kommt, –
wird er nicht zürnen müssen?

ERIK.

Du willst mich fliehn?

SENTA.

Ich muß zum Port!

194

ERIK.

Du weichst mir aus?

SENTA.

Ach, laß mich fort!

ERIK.

Fliehst du zurück vor dieser Wunde,

die du mir schlugst, dem Liebeswahn?

O, höre mich zu dieser Stunde!

Hör meine letzte Frage an! –

Wenn dieses Herz im Jammer bricht,

wird's *Senta* sein, die für mich spricht?

SENTA *schwankend.*

Wie? Zweifelst du an meinem Herzen?

Du zweifelst, ob ich gut dir bin?

Oh! sag, was weckt dir solche Schmerzen?

Was trübt mit Argwohn deinen Sinn?

ERIK.

Dein Vater, – ach! nach Schätzen geizt er nur!

Und Senta, du … wie dürft auf dich ich zählen?

Erfülltest du nur *eine* meiner Bitten?

Kränkst du mein Herz nicht jeden Tag?

SENTA.

Dein Herz?

ERIK.

Was soll ich denken? … Jenes Bild …

SENTA.

Das Bild?

ERIK.

Lässt du von deiner Schwärmerei wohl ab?

SENTA.

Kann meinem Blick Teilnahme ich verwehren?

ERIK.

Und die Ballade … heut noch sangst du sie!

SENTA.

Ich bin ein Kind, und weiß nicht, was ich singe!

O sag, wie? Fürchtest du ein Lied – ein Bild?

ERIK.

Du bist so bleich … sag, sollte ich's nicht fürchten?

SENTA.

Soll mich des Ärmsten Schreckenslos nicht rühren?

ERIK.

Mein Leiden, Senta, rührt es dich nicht mehr?

SENTA.

O, prahle nicht! Was kann *dein* Leiden sein?

Kennst jenes Unglücksel'gen Schicksal du?

Auf das Bild hindeutend.

Fühlst du den Schmerz, den tiefen Gram,

mit dem herab auf mich er sieht?

Ach, was die Ruhe für ewig ihm nahm,

wie schneidend Weh durchs Herz mir zieht!

ERIK.

Weh mir! Es mahnt mich mein unsel'ger Traum!

Gott schütze dich! Satan hat dich umgarnt!

SENTA.

Was erschreckt dich so?

ERIK.

Senta! Laß dir vertraun!

Ein Traum ist's … hör' ihn zur Warnung an!

Senta setzt sich erschöpft in den Lehnstuhl nieder; bei dem Beginn
von Eriks Erzählung versinkt sie wie in magnetischen Schlaf, so
daß es scheint, als träume sie den von ihm erzählten Traum
ebenfalls. Erik steht an den Stuhl gelehnt zur Seite.

ERIK *mit gedämpfter Stimme.*

Auf hohem Felsen lag ich träumend,

sah unter mir des Meeres Flut; –

die Brandung hört ich, wie sich schäumend

am Ufer brach der Wogen Wut!

Ein fremdes Schiff am nahen Strande

erblickt ich – seltsam – wunderbar.

Zwei Männer nahten sich dem Lande,

der Ein' – ich sah's – dein Vater war.

SENTA *mit Spannung.*

Der Andre? …

ERIK.

Wohl erkannt' ich ihn …

mit schwarzem Wams – und bleicher Mien'

SENTA *mit zunehmender Spannung …*

und düst'rem Blick …

ERIK *auf das Bild deutend …*

der Seemann, er.

SENTA.

Und ich …?

ERIK.

Du kamst vom Hause her;

du flogst, den Vater zu begrüßen …

Doch kaum noch sah ich an dich langen,

du stürztest zu des Fremden Füßen, –

ich sah dich seine Knie umfangen …

SENTA.

Er hub mich auf …

ERIK.

An seine Brust: –

voll Inbrunst hingst du dich an ihn, –

du küßtest ihn mit heißer Lust …

SENTA.

und dann …?

ERIK *Senta mit unheimlicher Verwunderung anblickend.*

sah ich aufs Meer euch fliehn.

SENTA *in Ekstase.*

Er sucht mich auf! Ich muß ihn sehn;

mit ihm muß ich zu Grunde gehn!

ERIK *in Verzweiflung.*

Entsetzlich! Mir wird es klar!

Sie ist dahin! Mein Traum sprach wahr!

Er stürzt voll Verzweiflung und Entsetzen ab.

SENTA *nach dem Ausbruch ihrer Begeisterung in stummes Sinnen versunken, verbleibt in ihrer Stellung, den Blick auf das Bild geheftet; nach einer Pause singt sie leise, aber tief ergriffen.*

Ach, möchtest du, bleicher Seemann, sie finden!

Betet zum Himmel, daß bald
ein Weib Treue ihm …

Die Türe geht auf. Daland und der Holländer zeigen sich. Der
Holländer ist sogleich eingetreten; Sentas Blick streift von dem
Bilde auf den Holländer, sie stößt einen gewaltigen Schrei der
Überraschung aus und bleibt wie festgebannt stehen.

DALAND *ist unter der Türe stehen geblieben und scheint zu erwarten,*
daß ihm Senta entgegenkomme. – Sich allmählich Senta nähernd.
Mein Kind, du siehst mich auf der Schwelle …
Wie? – Kein Umarmen? Keinen Kuß?
Du bleibst gebannt auf deiner Stelle …
Verdien ich, Senta, solchen Gruß?
SENTA *als Daland bei ihr anlangt, ergreift sie seine Hand.*
Gott dir zum Gruß! –

Ihn näher an sich ziehend.

Mein Vater, sprich! –
Wer ist der Fremde?
DALAND *lächelnd.*
Drängst du mich?
Mögst du, mein Kind, den fremden Mann willkommen heißen!
Seemann ist er, gleich mir, das Gastrecht spricht er an.
Lang ohne Heimat, stets auf fernen, weiten Reisen,
in fremden Landen er der Schätze viel gewann.
Aus seinem Vaterland verwiesen,
für einen Herd er reichlich lohnt. –
Sprich, Senta, würd es dich verdrießen,
wenn dieser Fremde bei uns wohnt?

Senta nickt beifällig mit dem Kopfe; Daland wendet sich zum
Holländer.

Sagt, hab ich sie zu viel gepriesen?
Ihr seht sie selbst, … ist sie euch recht?
Soll ich vom Lob noch überfließen?
Gesteht, sie zieret ihr Geschlecht!

Der Holländer macht eine beifällige Bewegung.

Mögst du mein Kind, dem Manne freundlich dich erweisen,
von deinem Herzen auch spricht holde Gab er an;
reich ihm die Hand, denn Bräutigam sollst du ihn heißen!
Stimmst du dem Vater bei, ist morgen er dein Mann.

Senta macht eine heftige schmerzliche Bewegung. Daland zieht
einen Schmuck hervor und wendet sich wieder zu Senta.

Sieh dieses Band, sieh diese Spangen! –
Was er besitzt, macht dies gering.
Muß, teures Kind, dich's nicht verlangen?
Dein ist es, wechselst du den Ring!

Senta, ohne Daland zu beachten, wendet ihren Blick nicht vom
Holländer ab, sowie auch dieser nur in Sentas Anblick versunken
ist. – Daland betrachtet sie.

Doch … keines spricht! … Sollt ich hier lästig sein?
So ist's – am besten laß ich sie allein.

Zu Senta.

Mögst du den edlen Mann gewinnen!
Glaub mir, solch Glück wird nimmer neu!

Zum Holländer.

Bleibt hier allein! Ich geh von hinnen …
Glaubt mir, wie schön, so ist sie treu!

Daland geht langsam ab, indem er wohlgefällig auf Senta und den
Holländer zurückblickt. – Senta und der Holländer allein

HOLLÄNDER *tief ergriffen.*
Wie aus der Ferne längst vergang'ner Zeiten
spricht dieses Mädchens Bild zu mir;
wie ich's geträumt seit bangen Ewigkeiten,
vor meinen Augen seh ich's hier.
Wohl hub auch ich voll Sehnsucht meine Blicke
aus tiefer Nacht empor zu einem Weib; –
ein schlagend Herz ließ, ach! mir Satans Tücke,
daß eingedenk ich meiner Qualen bleib!
Die düst're Glut, die hier ich fühle brennen,

sollt ich Unseliger sie Liebe nennen?
Ach nein! Die Sehnsucht ist es nach dem Heil:
würd es durch solchen Engel mir zu Teil!

SENTA.

Versank ich jetzt in wunderbares Träumen?
Was ich erblicke, ist's ein Wahn?
Weilt ich bisher in trügerischen Räumen?
Brach des *Erwachens* Tag heut an? –
Er steht vor mir mit leidenvollen Zügen,
es spricht sein unerhörter Gram zu mir.
Kann tiefen Mitleids Stimme mich belügen?
Wie ich ihn oft gesehn, so steht er hier.
Die Schmerzen, die in meinem Busen brennen, –
ach! dies Verlangen, wie soll ich es nennen?
Wonach mit Sehnsucht es ihn treibt, – das Heil,
würd es, du Ärmster, dir durch mich zuteil!

HOLLÄNDER *sich Senta etwas nähernd.*

Wirst du des Vaters Wahl nicht schelten?
Was er versprach, wie – dürft es gelten?
Du könntest dich für ewig mir ergeben,
und deine Hand dem Fremdling reichtest du?
Soll finden ich, nach qualenvollem Leben,
in deiner Treu die lang ersehnte Ruh?

198

SENTA.

Wer du auch seist, und welches das Verderben,
dem grausam dich dein Schicksal konnte weihn; –
was auch das Los, das ich mir sollt erwerben: –
gehorsam stets werd ich dem Vater sein.

HOLLÄNDER.

So unbedingt, wie? könnte dich durchdringen
für meine Leiden tiefstes Mitgefühl?

SENTA *für sich.*

O, welche Leiden! Könnt ich Trost dir bringen!

HOLLÄNDER *der Sentas Ausbruch vernommen hat.*

Welch holder Klang im nächtigen Gewühl!

Sehr bewegt.

Du bist ein Engel, – eines Engels Liebe
Verworf'ne selbst zu trösten weiß …!
Ach, wenn Erlösung mir zu hoffen bliebe,
Allewiger! Durch *diese* sei's!

SENTA *für sich.*

Ach! wenn Erlösung ihm zu hoffen bliebe,
Allewiger, durch mich nur sei's!

HOLLÄNDER *zu Senta.*

Ach! könntest das Geschick du ahnen,
dem dann mit mir du angehörst, –
dich würd es an das Opfer mahnen,
das du mir bringst, wenn Treu du schwörst!
Es flöhe schaudernd deine Jugend
dem Lose, dem du sie willst weihn, –
nennst du des Weibes schönste Tugend,
nennst ew'ge Treue du nicht dein!

SENTA.

Wohl kenn ich Weibes heil'ge Pflichten; –
sei drum getrost, unsel'ger Mann!
Laß über *die* das Schicksal richten,
die seinem Spruche trotzen kann!
In meines Herzens höchster Reine
kenn ich der Treue Hochgebot: –
wem ich sie weih, schenk ich die *Eine,*
die Treue bis zum Tod!

HOLLÄNDER *mit Erhebung.*

Ein heil'ger Balsam meinen Wunden
dem Schwur, dem hohen Wort entfließt.
Hört es: mein Heil hab ich gefunden!
Mächte, die ihr zurück mich stießt!
Du, Stern des Unheils, sollst erblassen,
Licht meiner Hoffnung, leuchte neu!
Ihr Engel, die mich einst verlassen!
Stärkt jetzt dies Herz in seiner Treu!

SENTA.

Von mächt'gem Zauber überwunden,
reißt's mich zu seiner Rettung fort.
Hier habe Heimat er gefunden!

Hier ruh sein Schiff in sich'rem Port!
Was ist's, das mächtig in mir lebet?
Was schließt berauscht mein Busen ein?
Allmächt'ger, was so hoch mich erhebet,
laß es die Kraft der Treue sein!

DALAND *tritt wieder auf.*
Verzeiht! Mein Volk hält draußen sich nicht mehr ...
nach jeder Rückkunft, wisset, gibt's ein Fest: –
verschönern möcht ich's, – komme deshalb her, –
ob mit Verlobung sich's vereinen läßt?

Zum Holländer.

Ich denk, ihr habt nach Herzenswunsch gefreit?
Senta, mein Kind, sag, bist auch du bereit?

SENTA *mit feierlicher Entschlossenheit.*
Hier meine Hand! Und ohne Reu
bis in den Tod gelob ich Treu!

HOLLÄNDER.
Sie reicht die Hand! Gesprochen sei
Hohn, Hölle, dir durch ihre Treu!

DALAND.
Euch soll dies Bündnis nicht gereun!
Zum Fest! Heut soll sich Alles freun!

Sie gehen ab. Der Vorhang fällt.   200

Dritter Aufzug

Seebucht mit felsigem Gestade; das Haus Dalands zur Seite im Vordergrunde. Den Hintergrund nehmen, ziemlich nah beieinanderliegend, die beiden Schiffe, das des Norwegers und das des Holländers ein. Helle Nacht: das norwegische Schiff ist erleuchtet; die Matrosen desselben sind auf dem Verdeck - Jubel und Freude. Die Haltung des holländischen Schiffes bietet einen unheimlichen Kontrast: eine unnatürliche Finsternis ist über dasselbe ausgebreitet; es herrscht Totenstille.

CHOR DER NORWEGISCHEN MATROSEN *auf ihrem Schiffe.*
Steuermann! Laß die Wacht!
Steuermann! Her zu uns!
Ho! Ha! Ja! Ha!
Hißt die Segel auf! Anker fest!
Steuermann! Her!
Fürchten weder Wind noch bösen Strand,
wollen heute mal recht lustig sein!
Jeder hat sein Mädel auf dem Land, –
herrlichen Tabak und guten Branntewein!
Hussassahe!
Klipp und Sturm draus –
Jollohohe!
lachen wir aus!
Hussassahe!
Segel ein! Anker fest!
Klipp und Sturm lachen wir aus!
Steuermann! Laß die Wacht!
Steuermann! Her zu uns!
Ho! He! Jo! Ha!
Steuermann, her! trink mit uns!
Ho! He! Ja! Ha!
Klipp und Sturm – He!
sind vorbei! He!
Hussahe! Hallohe

Hussahe! Steuermann!

He! komm und trink mit uns!

Sie tanzen auf dem Verdeck, indem sie den Niederschlag jedes Taktes mit starkem Aufstampfen der Füße begleiten. – Die Mädchen kommen aus dem Hause; sie tragen Körbe voll Essen und Trinken.

CHOR DER MÄDCHEN.

Mein, seht doch an! Sie tanzen gar!

Der Mädchen bedarf's da nicht fürwahr!

Sie gehen auf das holländische Schiff zu.

CHOR DER NORWEGISCHEN MATROSEN.

He! Mädel! Halt! Wo geht ihr hin?

MÄDCHEN.

Steht euch nach frischem Wein der Sinn?

Eur Nachbar dort soll auch was haben!

Ist Trank und Speis für euch allein?

STEUERMANN.

Fürwahr! Tragt's hin den armen Knaben!

Vor Durst sie scheinen matt zu sein.

MATROSEN.

Man hört sie nicht.

STEUERMANN.

Ei, seht doch nur!

Kein Licht ... von der Mannschaft keine Spur!

DIE MÄDCHEN *dicht am Ufer in das holländische Schiff hineinrufend.*

He! Seeleut! He! Wollt Fackeln ihr?

Wo seid ihr doch? Man sieht nicht hier!

MATROSEN.

Hahaha! Weckt sie nicht auf! Sie schlafen noch!

MÄDCHEN.

He! Seeleut! He! Antwortet doch!

MATROSEN *spöttisch, mit affektierter Traurigkeit.*

Haha!

Wahrhaftig, sie sind tot:

sie haben Speis und Trank nicht not!

MÄDCHEN *wie zuvor.*

Ei, Seeleute, liegt ihr so faul schon im Nest?

Ist heute für euch denn nicht auch ein Fest?

MATROSEN *wie zuvor.*

Sie liegen fest auf ihrem Platz,

wie Drachen hüten sie den Schatz.

MÄDCHEN.

He! Seeleute, wollt ihr nicht frischen Wein?

Ihr müßtet wahrlich doch durstig auch sein!

MATROSEN.

Sie trinken nicht, sie singen nicht!

In ihrem Schiffe brennt kein Licht.

MÄDCHEN.

Sagt, habt ihr denn nicht auch ein Schätzchen am Land?

Wollt ihr nicht mit tanzen auf freundlichem Strand?

MATROSEN.

Sie sind schon alt, und bleich statt rot,

und ihre Liebsten, die sind tot.

MÄDCHEN *Immer stärker und ängstlicher rufend.*

He! Seeleut! Seeleut! Wacht doch auf!

Wir bringen euch Speis und Trank zu Hauf!

MATROSEN *den Ruf der Mädchen verstärkend.*

He! Seeleut! Seeleut! Wacht doch auf!

Langes Stillschweigen.

MÄDCHEN *betroffen und furchtsam.*

Wahrhaftig, ja! Sie scheinen tot.

Sie haben Speis und Trank nicht not.

MATROSEN *mit steigender Ausgelassenheit.*

Vom fliegenden Holländer wißt ihr ja: –

sein Schiff, wie es leibt, wie es lebt, seht ihr da!

MÄDCHEN *wie zuvor.*

So weckt die Mannschaft ja nicht auf!

Gespenster sind's, wir schwören drauf!

MATROSEN.

Wie viel hundert Jahre seid ihr schon zur See?

202 Euch tut ja der Sturm und die Klippe nicht weh!

MÄDCHEN.

Sie trinken nicht, sie singen nicht –
in ihrem Schiffe brennt kein Licht.

MATROSEN.

Habt ihr keine Brief, keine Aufträg fürs Land?
Unsren Urgroßvätern wir bringen's zur Hand!

MÄDCHEN.

Sie sind schon alt, und bleich statt rot,
und ihre Liebsten, ach! sind tot!

MATROSEN *lärmend.*

Hei! Seeleute, spannt eure Segel doch auf!
und zeigt uns des fliegenden Holländers Lauf!

*Die Mädchen entfernen sich furchtsam aus der Nähe des
holländischen Schiffes.*

MÄDCHEN.

Sie hören nicht … uns graust es hier!
Sie wollen nichts … was rufen wir?

MATROSEN.

Ihr Mädel, laßt die Toten ruhn!
Laßt's uns Lebend'gen gütlich tun!

MÄDCHEN.

So nehmt! der Nachbar hat's verschmäht.

Die Mädchen reichen den Matrosen ihre Körbe über Bord.

STEUERMANN.

Wie? Kommt ihr denn nicht selbst an Bord?

MATROSEN.

Wie? Kommt ihr denn nicht selbst an Bord?

MÄDCHEN.

Ei, jetzt noch nicht! Es ist ja nicht spät.
Wir kommen bald – jetzt trinkt nur fort!
Und wenn ihr wollt, so tanzt dazu, –
nur laßt dem müden Nachbar Ruh!

Sie gehen ab.

Die Matrosen öffnen und leeren die Körbe.

MATROSEN.
Juchhe! Da gibt's die Fülle!
Lieb Nachbarn, habet Dank!
STEUERMANN.
Zum Rand sein Glas ein Jeder fülle!
Lieb Nachbar liefert uns den Trank!
MATROSEN.
Hallohohoho! Lieb Nachbarn habt ihr Stimm und Sprach,
so wachet auf und macht's uns nach!

Von hier an beginnt es sich auf dem holländischen Schiffe zu regen.

MATROSEN *lachend.*
Wachet auf! Wachet auf! Auf! Macht's uns nach!

Sie trinken aus und stampfen die Becher heftig auf.

Hussa!
Steuermann! Laß die Wacht!
Steuermann, her zu uns!
Ho, he, ja, ha!
Hißt die Segel auf! Anker fest!
Steuermann, her!
203 Wachten manche Nacht bei Sturm und Graus,
tranken oft des Meers gesalz'nes Naß; –
heute wachen wir bei Saus und Schmaus
besseres Getränk gibt Mädel uns vom Faß!
Hussassahel Klipp und Sturm draus!
Jollohohe! – lachen wir aus!
Hussassahe! Segel ein! Anker fest!
Klipp und Sturm lachen wir aus!
Steuermann, laß die Wacht!
Steuermann, her zu uns!
Ho, he, ja, ha!
Steuermann, her! Trink mit uns!
Ho! He! Ja! Ha!
Klipp und Sturm – he! –
sind vorbei! – He!
Hussahe! Hollahe!

Hussahe! Steuermann!
Her! Her! komm und trink mit uns!

Das Meer, welches sonst überall ruhig bleibt, hat sich im Umkreis
des holländischen Schiffes zu heben begonnen; eine dunkelbläuliche
Flamme lodert in diesem als Wachtfeuer auf, heftiger Sturmwind
pfeift durch die Taue; – die Mannschaft, von der man zuvor nichts
sah, hat sich beim Leuchten der Flamme belebt.

CHOR DER MANNSCHAFT DES FLIEGENDEN HOLLÄNDERS.
Johohoe! Johohohoe! Hoe! Hoe! Hoe!
Huih – ssa!
Nach dem Land treibt der Sturm –
Huih – ssa!
Segel ein! Anker los!
Huih – ssa!
In die Bucht laufet ein!
Schwarzer Hauptmann, geh ans Land!
Sieben Jahre sind vorbei!
Frei um blonden Mädchens Hand: –
Blondes Mädchen, sei ihm treu!
Lustig, heut! Hui!
Bräutigam! Hui!
Sturmwind heult, Brautmusik – Ozean tanzt dazu! –
Hui! Horch! er pfeift! –
Kapitän! Bist wieder da?
Hui! »Segelauf!« –
Deine Braut – sag, wo sie blieb?
»Hui! Auf in See!« –
Kapitän! Kapitän! Hast kein Glück in der Lieb!
Hahaha!
Sause, Sturmwind! Heule zu!
Unsren Segeln läßt du Ruh!
Satan hat sie uns gefeit,
reißen nicht in Ewigkeit, – hohoa!

Während des Gesanges der Holländer wird ihr Schiff von den
Wogen auf und ab getragen, als ob es tanze; furchtbarer Sturmwind
heult und pfeift durch die nackten Taue. Die Luft und das Meer

204

bleiben übrigens, außer in der nächsten Umgebung des holländischen Schiffes, ruhig wie zuvor.

Die norwegischen Matrosen haben erst mit Verwunderung, dann mit Entsetzen zugehört und zugesehen.

CHOR DER NORWEGISCHEN MATROSEN.
Welcher Sang? Ist es Spuk? Wie mich's graut!
Stimmt an – Unser Lied! Singet laut!
Steuermann, laß die Wacht!
Steuermann …
Ho! He! Ja! Ha!
Steuermann, her zu uns!
Singet! Singet lauter!
Fürchten weder Wind noch bösen Strand …
Singet laut! Lauter!
Steuermann, laß die Wacht!
CHOR DER MANNSCHAFT DES FLIEGENDEN HOLLÄNDERS ALLEIN.
Sause, Sturmwind, heule zu!
Unsren Segeln läßt du Ruh!
Satan hat sie selbst gefeit,
reißen nicht in Ewigkeit!
Johoe! Hohohe! Johohohoa!
Hui – ssa!

Lachend.

Hahahahahaha!

Die norwegischen Matrosen, durch den Sturm und das Toben des immer wilder gewordenen Spukes zum Schweigen gebracht, verlassen von Grausen übermannt ihr Verdeck, indem sie das Zeichen des Kreuzes schlagen; die Mannschaft des Holländers, als sie dies gewahrt, schlägt ein gellendes Hohngelächter auf: sogleich herrscht auf ihrem Schiff wieder die frühere Totenstille, – dichte Finsternis ist wieder über dasselbe ausgebreitet, – Luft und Meer sind ruhig wie zuvor.

Senta kommt aus dem Hause; Erik folgt ihr in der größten Aufregung.

ERIK.

Was muß ich hören! Gott, was muß ich sehn!

Ist's Täuschung? Wahrheit? Ist es Tat?

SENTA.

O frage nicht! Antwort darf ich nicht geben!

ERIK.

Gerechter Gott! Kein Zweifel, es ist wahr!

Welch unheilvolle Macht riß dich dahin?

Welche Gewalt verführte dich so schnell,

grausam zu brechen dieses treuste Herz!

Dein Vater ... Ha! Den Bräut'gam bracht er mit: –

wohl kenn ich ihn – mir ahnte, was geschieht ...

doch du? Ist's möglich! – reichest deine Hand

dem Mann, der deine Schwelle kaum betrat!

SENTA *in heftigem innerem Kampfe.*

Nicht weiter! Schweig! – Ich muß! – Ich muß!

ERIK.

Oh, des Gehorsams – blind wie deine Tat!

Den Wink des Vaters nanntest du willkommen,

mit einem Stoß vernichtest du mein Herz!

SENTA.

Nicht mehr! Nicht mehr! Ich darf dich nicht mehr sehn,

nicht an dich denken – hohe Pflicht gebeut's!

ERIK.

Welch hohe Pflicht? Ist's höhre nicht, zu halten,

was du mir einst gelobet: ewige Treue?

SENTA *heftig, wie erschrocken.*

Wie? Ew'ge Treue hätt ich dir gelobt?

ERIK *schmerzlich.*

Senta! Oh, Senta! Leugnest du?

Willst jenen Tags du nicht dich mehr entsinnen,

als du zu dir mich riefest in das Tal?

Als, dir des Hochlands Blumen zu gewinnen,

mutvoll ich trug Beschwerden ohne Zahl?

Gedenkst du, wie auf steilem Felsenriffe,

vom Ufer wir den Vater scheiden sahn?
Er zog dahin auf weiß beschwingtem Schiffe,
und meinem Schutz vertraute er dich an.
Als sich dein Arm um meinen Nacken schlang,
gestandest du mir Liebe nicht aufs Neu?
Was bei der Hände Druck mich hehr durchdrang, –
sag, war's nicht die Versich'rung deiner Treu?

Der Holländer, welcher ungesehen den vorigen Auftritt belauscht,
bricht hervor.

HOLLÄNDER.

Verloren! Ach! Verloren! Ewig verlor'nes Heil!

ERIK.

Was seh ich! Gott!

HOLLÄNDER.

Senta, leb wohl!

SENTA *zum Holländer.*

Halt ein! Unsel'ger!

ERIK *zu Senta.*

Was beginnst du?

HOLLÄNDER.

In See! In See! In See für ew'ge Zeiten

Zu Senta.

Um Deine Treue ist's getan! …
Um deine Treue, um mein Heil!
Leb wohl! Ich will dich nicht verderben!

ERIK.

Entsetzlich! Dieser Blick …!

SENTA *sich dem Holländer entgegenwerfend.*

Halt ein! Von dannen sollst du nimmer fliehn!

HOLLÄNDER *Er gibt ein gellendes Zeichen auf der Pfeife und ruft der*
Mannschaft seines Schiffes zu.

Segel auf! Anker los!
Sagt Lebewohl auf Ewigkeit dem Lande!

SENTA.

Ha! zweifelst du an meiner Treue?
Unsel'ger, was verblendet dich?

Halt ein! Das Bündnis nicht bereue!

Was ich gelobte, halte ich.

Unsel'ger! Halt ein!

HOLLÄNDER.

Fort, auf das Meer, treibt's mich aufs neue!

Ich zweifl' an dir! Ich zweifl' an Gott!

Dahin! Dahin ist alle Treue!

Was du gelobtest, war dir Spott!

Dahin! Dahin! Ewig dahin!

ERIK.

Was hör ich? Gott! Was muß ich sehn!

Muß ich dem Ohr, muß ich dem Auge traun!

Senta! Willst du zu Grunde gehen?

Zu mir! Du bist in Satans Klaun!

HOLLÄNDER.

Erfahre das Geschick, vor dem ich dich bewahr:

Verdammt bin ich zum gräßlichsten der Lose,

zehnfacher Tod wär mir erwünschte Lust!

Vom Fluch ein Weib allein kann mich erlösen,

ein Weib, das Treu bis in den Tod mir hält.

Wohl hast du Treue mir gelobt, – doch vor

dem Ewigen noch nicht: – dies rettet dich!

Denn wiss', Unsel'ge! welches das Geschick,

das jene trifft, die mir die Treue brechen:

Ew'ge Verdammnis ist ihr Los!

Zahllose Opfer fielen diesem Spruch durch mich –

du aber sollst gerettet sein! Leb wohl!

Zum Abgang gewendet.

Fahr hin, mein Heil, in Ewigkeit!

ERIK *in furchtbarer Angst nach dem Hause und dem Schiffe hin rufend.*

Zu Hülfe! Rettet! Rettet sie!

SENTA *den Holländer aufhaltend.*

Wohl kenn ich dich! Wohl kenn ich dein Geschick;

ich kannte dich, als ich zuerst dich sah!

Das Ende deiner Qual ist da! Ich bin's,

durch deren Treu dein Heil du finden sollst!

Daland, Mary, die Mädchen vom Hause und die Matrosen vom
Schiffe her eilen auf Eriks Hülferuf herbei.

ERIK.
Helft ihr! Sie ist verloren!
DALAND, MARY UND CHOR.
Was erblick ich!
HOLLÄNDER *zu Senta.*
Du kennst mich nicht, – du ahnst nicht, wer ich bin!

Er deutet auf sein Schiff, dessen blutrote Segel aufgespannt werden
und dessen Mannschaft mit Regsamkeit die Abfahrt vorbereitet.

Befrag die Meere aller Zonen, befrag
den Seemann, der den Ozean durchstrich!
Er kennt dies Schiff, den Schrecken aller Frommen:
den Fliegenden Holländer nennt man mich.
CHOR DER MANNSCHAFT DES FLIEGENDEN HOLLÄNDERS
den Anker lichtend.
Jahohoe! Jahohoe! Hoe! Hoe! Hoe!

Der Holländer gelangt mit Blitzesschnelle an Bord seines Schiffes,
welches augenblicklich die Küste verläßt und in See geht. Senta
will dem Holländer nacheilen, Daland, Erik und Mary halten sie
zurück.

DALAND, ERIK, MARY UND CHOR.
Senta! Senta! Senta! Was willst du tun?

Senta reißt sich mit Gewalt los und erreicht in Eile ein in die See
hervorragendes Felsenriff, von wo aus sie dem Holländer nachruft.

SENTA.
Preis deinen Engel und sein Gebot!
Hier steh ich – treu dir bis zum Tod!

Sie stürzt sich in das Meer. Sogleich versinkt mit einem
fürchterlichen Krachen das Schiff des Holländers; das Meer türmt
sich hoch auf und sinkt dann in einem Wirbel zurück. – Der
Holländer und Senta, beide in verklärter Gestalt, entsteigen dem
Meere; er hält sie umschlungen.

208

Biographie

1813 *22. Mai:* Richard Wagner wird in Leipzig geboren. Er ist das neunte Kind des Polizeibeamten Karl Friedrich Wagner, welcher im November desselben Jahres verstirbt, und dessen Frau Johanna Rosine.

1814 Wagners Mutter heiratet den Maler und Schauspieler Ludwig Geyer und zieht mit der Familie nach Dresden um.

1821 Geyer, Wagners Stiefvater, stirbt.
Der Verlust der Vaterfiguren sollte später zu einem Leitmotiv in Wagners Werken werden.

1828 Wagner besucht das Nikolai-Gymnasium in Leipzig.
1830 geht er auf die Thomas-Schule.

1830 Seine »Ouvertüre in B-Dur« wird in Leipzig uraufgeführt.

1831 Er beginnt ein Musik-Studium an der Leipziger Universität, ab Herbst ist er Schüler des Thomaskantors Theodor Weinling.

1833 Wagner wird von seinem Bruder Albert Wagner als Chordirektor nach Würzburg geholt. Dort beginnt er bald mit der Arbeit an seiner ersten Oper, »Die Feen«, welche posthum 1888 in München uraufgeführt wird.

1834 Er wird Musikdirektor der »Magdeburger Theatergruppe Bethmann« in Lauchstädt.

1834 Wagner ist bis 1836 Musikdirektor in Magdeburg. In dieser Zeit wird die Oper »Das Liebesverbot« uraufgeführt.

1836 Wagner zieht nach Königsberg um, weil Minna Planer, die er in Magdeburg kennengelernt hat, dort engagiert ist.
24. November: Wagner heiratet die Schauspielerin Minna Planer.

1837 Nach einem kurzen Zwischenspiel als Musikdirektor in Königsberg nimmt er die Stelle des Musikdirektors in Riga an.

1839 Wagner hat Schulden gemacht und muß nun zusammen mit seiner Frau vor seinen Gläubigern aus Riga flüchten; diese Flucht führt ihn über Norwegen und London nach Paris, wo er die nächsten, für ihn entbehrungsreichen, drei Jahre verbringen und u.a. Giacomo Meyerbeer und Heinrich Heine kennenlernen wird.

1840 Die Novelle »Eine Pilgerfahrt zu Beethoven« wird veröffentlicht und Wagner schließt die Komposition »Rienzi« ab.

1842 Wagner kehrt nach Deutschland zurück.

20. Oktober: In Dresden wird »Rienzi« uraufgeführt. Die Oper wird als Meilenstein gefeiert.

1843 Der »Fliegende Holländer« wird mit Wagner als Dirigent uraufgeführt, verarbeitet wird hier u.a. Wagners Flucht von 1839, das Stück hatte er bereits in Paris fertiggestellt. Das Publikum reagiert verhalten.

2. Februar: Wagner wird zum Königlich Sächsischen Hofkapellmeister ernannt.

Während seiner Reisen und der Arbeiten an seinen Entwürfen beschäftigt sich Wagner mit alter deutscher Literatur und germanischer Mythologie.

1845 *19. Oktober:* Der »Tannhäuser« wird uraufgeführt. Auch dieses Stück findet eher gemäßigte Aufnahme.

1848 »Wie verhalten sich republikanische Bestrebungen dem Königtum gegenüber?«: Wagner verliest diese selbstgeschriebene Abhandlung im Dresdner Vaterlandsverein.

1849 Wagner lernt den Anarchisten Bakunin kennen und beteiligt sich in Dresden am Mai-Aufstand gegen die sächsischen und preussischen Truppen, Folge: ab dem 16. Mai wird er steckbrieflich gesucht. Ende Mai flieht er deswegen mit Hilfe von Franz Liszt nach Zürich. Bis 1858 wird er in seinem Schweizer Exil bleiben.

Seine programmatische Schrift »Das Kunstwerk der Zukunft« erscheint in Leipzig.

1850 Der »Lohengrin« wird in Weimar uraufgeführt.

Das Pamphlet »Judentum in der Musik« erscheint.

1851 »Eine Mittheilung an meine Freunde«, eine weitere programmatische Schrift, erscheint.

1852 Die Schrift »Oper und Drama« erscheint in drei Bänden.

Wagner lernt Mathilde und Otto Wesendonck in Zürich kennen. Seine komplizierte Beziehung zu Mathilde sollte Einfluss auf den »Tristan« haben.

1853 Wagner lernt die 18jährige Cosima von Bülow, geb. Liszt, in Paris kennen.

1854 Studium von Schopenhauers Hauptwerk »Die Welt als Wille und Vorstellung«.

1855 Wagner geht für acht Konzerte als Dirigent nach London.

1857 Das Ehepaar Wesendonck richtet bei Zürich ein »Asyl« ein, in das Wagner für kurze Zeit einzieht.

1858 *17. August:* Wagner zieht aus dem »Asyl« aus und reist nach Venedig.

1860 Er gibt Konzerte in Brüssel und Paris.
Juli: Wagner erhält politische Amnestie.

1861 *13. März:* In Paris bricht der »Tannhäuser-Skandal« aus.

1862 Er reist durch verschiedene Städte, z.B. Dresden, Wien und Karlsruhe. Am 7. November begegnen er und seine Frau Minna sich zum letzten Mal.

1863 Wagner gibt Konzerte u.a. in St. Petersburg, Prag, Budapest und Wien.

1864 Er hat erneut Schulden und muß nun aus Wien vor Gläubigern flüchten.
4. Mai: Er wird nach München berufen und begegnet dort zum ersten Mal König Ludwig II. von Bayern.

1865 *Mai:* Cosima bringt Wagners erstes Kind, Isolde, zur Welt.
Juni: »Tristan und Isolde« wird in München uraufgeführt.

1866 *25. Januar:* Seine Frau Minna stirbt in Dresden. Wagner mietet sich ein Haus am Vierwaldstätter See.

1868 *21. Juni:* Mit der Uraufführung der »Meistersinger« in München gelingt Wagner ein großer Erfolg.
Im November lernt Wagner Nietzsche in Leipzig kennen.

1869 *6. Juni:* Siegfried Wagner wird geboren.
»Das Rheingold« wird in München gegen Wagners Willen auf Befehl Ludwigs II. uraufgeführt.

1870 Die »Walküre« wird in München uraufgeführt.
25. August: Richard Wagner heiratet Cosima in Luzern, nachdem sie sich wenige Wochen vorher von Wagners Freund Hans von Bülow hatte scheiden lassen.

1871 Fürst Bismarck empfängt Wagner.

1872 *22. Mai:* Zum Bau des Bayreuther Festspielhauses wird der Grundstein gelegt.

1874 *28. April:* Wagner zieht nach Bayreuth in das Haus Wahnfried.

1876 Wagners Honorarkomposition »Festmarsch zur Feier des 100jährigen Jubiläums der amerikanischen Unabhängigkeit« wird veröffentlicht.
13. August: Die ersten Bayreuther Festspiele werden mit

»Rheingold« eröffnet. Uraufführung von »Siegfried« und »Götterdämmerung«.

1877 In London gibt Wagner acht Konzerte in der Royal Albert Hall; Königin Victoria empfängt ihn auf Schloss Windsor.

1882 *26. Juli:* »Parsifal« wird im Bayreuther Festspielhaus bei den zweiten Festspielen uraufgeführt.

1883 *13. Februar:* Richard Wagner stirbt in Venedig an einem Herzleiden und wird am *18. Februar* im Garten von Haus Wahnfried bestattet.

Erzählungen aus dem Biedermeier

Biedermeier - das klingt in heutigen Ohren nach langweiligem Spießertum, nach geschmacklosen rosa Teetässchen in Wohnzimmern, die aussehen wie Puppenstuben und in denen es irgendwie nach »Omma« riecht.

Zu Recht. Aber nicht nur.

Biedermeier ist auch die Zeit einer zarten Literatur der Flucht ins Idyll, des Rückzuges ins private Glück und der Tugenden. Die Menschen im Europa nach Napoleon hatten die Nase voll von großen neuen Ideen, das aufstrebende Bürgertum forderte und entwickelte eine eigene Kunst und Kultur für sich, die unabhängig von feudaler Großmannssucht bestehen sollte.

Georg Büchner Lenz **Karl Gutzkow** Wally, die Zweiflerin **Annette von Droste-Hülshoff** Die Judenbuche **Friedrich Hebbel** Matteo **Jeremias Gotthelf** Elsi, die seltsame Magd **Georg Weerth** Fragment eines Romans **Franz Grillparzer** Der arme Spielmann **Eduard Mörike** Mozart auf der Reise nach Prag **Berthold Auerbach** Der Viereckig oder die amerikanische Kiste

ISBN 978-3-8430-1884-5, 444 Seiten, 29,80 €

Erzählungen aus dem Biedermeier II

Annette von Droste-Hülshoff Ledwina **Franz Grillparzer** Das Kloster bei Sendomir **Friedrich Hebbel** Schnock **Eduard Mörike** Der Schatz **Georg Weerth** Leben und Taten des berühmten Ritters Schnapphahnski **Jeremias Gotthelf** Das Erdbeerimareili **Berthold Auerbach** Lucifer

ISBN 978-3-8430-1885-2, 440 Seiten, 29,80 €

Erzählungen aus dem Biedermeier III

Eduard Mörike Lucie Gelmeroth **Annette von Droste-Hülshoff** Westfälische Schilderungen **Annette von Droste-Hülshoff** Bei uns zulande auf dem Lande **Berthold Auerbach** Brosi und Moni **Jeremias Gotthelf** Die schwarze Spinne **Friedrich Hebbel** Anna **Friedrich Hebbel** Die Kuh **Jeremias Gotthelf** Barthli der Korber **Berthold Auerbach** Barfüßele

ISBN 978-3-8430-1886-9, 452 Seiten, 29,80 €